«El puritano William Gurnall dijo una vez: "La oración no es otra cosa que la promesa invertida o la Palabra de Dios vuelta al revés y la promesa de Dios devuelta de nuevo  Pero, ¿cómo es esto... *por los que amas* y... responden a esa pregunta... Palabra de Dios en la oración. Y orar la Palabra de Dios es mi consejo número uno para ayudar a las personas a avivar su vida de oración. Lee estos libros y vivifica tus oraciones».

Tim Chester, pastor de la iglesia Grace, Boroughbridge, y autor de *You Can Pray* [Puedes orar] (IVP)

«*5 razones para orar* es un medio brillantemente sencillo pero enormemente eficaz para estimular tu vida de oración por la iglesia, la misión, familia y amigos. Accesible y atractivo, con mucha Escritura en la cual centrar la oración, será una gran herramienta para que las iglesias ayuden a sus miembros a orar de forma habitual y creativa».

Trevor Archer, director de FIEC Londres

«Recomiendo esta serie sencillamente porque me ha movido a orar. Me mostró formas de orar por mi iglesia y mis seres queridos, y encendió en mi corazón el *deseo* de orar. Son libros sencillos, con el objetivo modesto y eternamente profundo de mostrar cómo la Biblia informa nuestras oraciones. Rachel Jones consigue retirarse del cuadro y deja que el lector vea lo sencillo que es alinear nuestras oraciones con la voluntad de nuestro

Padre que nos escucha. Estos libros bien podrían ser una causa de gran bendición para tu iglesia y las personas que amas».

«Para aquellos de nosotros que a menudo luchamos por saber qué orar por nuestra iglesia y por los que amamos, estos libros son brillantes, ya que nos dan muchas cosas realmente útiles y específicas para orar que provienen directo de la Palabra de Dios. Con una mezcla de alabanza, confesión, acción de gracias y petición, las oraciones se centran repetidamente en lo que significa vivir a la luz de la eternidad en las diferentes situaciones que se destacan. Empezar con la Escritura es realmente útil para asegurar que no estamos orando simplemente para que cambien las circunstancias, como tendemos a hacer, sino más bien por corazones transformados que traen honor y gloria a Dios».

5 RAZONES PARA ORAR POR LOS QUE AMAS

Oraciones que transforman a tu
familia y amigos

RACHEL JONES
SERIE EDITADA POR CARL LAFERTON

5 RAZONES PARA ORAR POR LOS QUE AMAS

Oraciones que transforman a tu
familia y amigos

RACHEL JONES
SERIE EDITADA POR CARL LAFERTON

B&H
ESPAÑOL
BRENTWOOD, TENNESSEE

5 razones para orar por los que amas: Oraciones que transforman
a tu familia y amigos

Copyright © 2023 por Rachel Jones
Todos los derechos reservados.
Derechos internacionales registrados.

B&H Publishing Group
Brentwood, TN 37027

Diseño de portada: B&H Español

Director editorial: Giancarlo Montemayor
Editor de proyectos: Joel Rosario
Coordinadora de proyectos: Cristina O'Shee

Clasificación Decimal Dewey: 248.3
Clasifíquese: ORACIÓN/ MEDITACIONES/ FAMILIA

ISBN: 978-1-0877-6797-0

Impreso en EE. UU.
1 2 3 4 5 * 26 25 24 23

CONTENIDO

INTRODUCCIÓN
A LA SERIE

Me pregunto si alguna vez te costó creer este famoso versículo de la Biblia:

> *«La oración del justo es poderosa y eficaz».*
> *(Sant. 5:16)*

Santiago nos dice que cuando la gente justa ora oraciones justas, algo sucede. Las cosas cambian. Las oraciones del pueblo de Dios son poderosas. Pero no son poderosas porque nosotros seamos poderosos, o porque las palabras que decimos sean de alguna manera mágicas, sino porque la Persona a la que oramos es infinita e inimaginablemente poderosa. Y nuestras oraciones son eficaces, no porque seamos especiales, o porque haya una fórmula especial que utilizar, sino porque el Dios al que oramos se complace en responder a nuestras oraciones y cambiar el mundo gracias a ellas.

Entonces, ¿cuál es el secreto de la oración eficaz? ¿Cómo puedes pronunciar oraciones que realmente cambien las cosas? Santiago sugiere dos preguntas que debemos hacernos.

Primero, ¿eres justo? Una persona justa es alguien que tiene una relación correcta con Dios, alguien quien, a través de la fe en Jesús, ha sido perdonado y aceptado como hijo de Dios. Cuando oras, ¿lo haces no solo a tu Hacedor, no solo a tu Gobernante, sino a tu Padre celestial, que te ha perdonado completamente a través de Jesús?

En segundo lugar, ¿reflejan tus oraciones esa relación? Si sabemos que Dios es nuestro Hacedor, nuestro Gobernante y nuestro Padre, querremos orar oraciones que le agraden, que reflejen Sus deseos, que se alineen con Sus prioridades para nuestras vidas y para el mundo. La clase de oración que realmente cambia las cosas es la que ofrece un hijo de Dios que refleja el corazón de Dios.

Por eso, cuando los hijos de Dios oran en la Biblia, a menudo encontramos que utilizan la Palabra de Dios para guiar sus oraciones. Así, cuando Jonás oró en el vientre de un pez para agradecer a Dios su rescate (Jon. 2:1-9), utilizó las palabras de varios salmos entretejidos. Cuando los primeros cristianos se reunieron en Jerusalén para orar, utilizaron los temas del Salmo 2 para guiar su alabanza y sus peticiones (Hech. 4:24-30). Y cuando Pablo oró para que sus amigos crecieran en amor (Fil. 1:9), estaba pidiendo al Padre que obrara en ellos lo mismo que el Señor Jesús oró por nosotros (Juan 17:25-26), y lo que el Espíritu Santo está haciendo por todos los creyentes (Rom. 5:5). Todos ellos utilizaron las palabras de Dios para guiar sus palabras a Dios.

¿Cómo puedes orar de manera poderosa y efectiva, que cambie las cosas, que haga que las cosas sucedan? Primero, siendo un hijo de Dios. En segundo lugar, elevando oraciones bíblicas, que utilizan las palabras de Dios para asegurarte de que tus oraciones le agradan y comparten Sus prioridades.

Para eso está aquí este pequeño libro. Contiene sugerencias sobre cómo orar por veintiún aspectos diferentes de personas que conoces y amas. Y para cada uno de ellos encontrarás orientación sobre lo que podemos orar: por padres, por hijos, por enfermos, por los que buscan, por los que acaban de nacer y por los que acaban de morir, y muchos más. Cada sugerencia de oración se basa en un pasaje de la Biblia, por lo que puedes estar seguro de que son oraciones que Dios quiere que hagas por tus seres queridos.

Hay cinco sugerencias diferentes para cada una. Por lo tanto, puedes utilizar este libro de diversas maneras.

- *Puedes hacer una oración cada día por un ser querido, durante tres semanas, y luego volver a empezar.*

- *Puedes tomar uno de los temas de oración y orar una parte todos los días, de lunes a viernes.*

- *Puedes ir entrando y saliendo, cuando quieras y necesites orar por un ser querido o una circunstancia en particular.*

- *También hay un espacio en cada página para que escribas los nombres de las personas por las que oras habitualmente.*

Esta no es de ninguna manera una guía exhaustiva: ¡hay muchas más cosas por las que puedes orar por tus amigos y familiares! Pero puedes estar seguro de que, al utilizarla, estás haciendo grandes oraciones, las que Dios quiere que hagas. Y Dios promete que «la oración del justo es poderosa y eficaz». Esa es una promesa a la que vale la pena aferrarse con confianza. A medida que oramos confiando en esta promesa, cambiará nuestra forma de orar y lo que esperamos de nuestras oraciones.

Cuando las personas justas hacen oraciones justas, algo sucede. Las cosas cambian. Así que cuando utilices este libro para guiar tus oraciones, anímate, estate expectante y mantén los ojos abiertos para que Dios haga «muchísimo más que todo lo que podamos imaginarnos o pedir» (Ef. 3:20). Él es poderoso; y tus oraciones también lo son.

Carl Laferton
Director editorial
The Good Book Company

5 RAZONES PARA ORAR POR

UN PADRE CRISTIANO

DEUTERONOMIO 6:1-9

PERSONAS POR LAS QUE ORAR:

_____

_____

_____

_____

AGRADECE A DIOS POR LAS FAMILIAS

«… para que [...] tú y tus hijos y tus nietos honren al Señor tu Dios [...] y para que disfrutes de larga vida» (v. 2).

Una y otra vez en el Antiguo Testamento, Dios elige tratar con familias, no con individuos. Alaba a Dios porque la familia le importa. Luego agradécele por esta familia en particular y por la vida que comparten juntos.

Después, ora para que este padre disfrute de...

UN AMOR POR DIOS

«Ama al Señor tu Dios con todo tu corazón y con toda tu alma y con todas tus fuerzas» (v. 5).

Es Dios, no nuestros hijos, quien debe ocupar la primera posición en nuestros corazones. Ora para que este padre resista la tentación de convertir a su hijo en un ídolo. Y ora para que su amor por Dios le enseñe a su hijo una lección importante, pero que puede resultar difícil: *no eres el centro del universo.*

CENTRARSE EN LOS MANDAMIENTOS DE DIOS

«Grábate en el corazón estas palabras que hoy te mando» (v. 6).

Ora para que este padre mantenga los mandamientos de Dios en su corazón y en su mente durante el día: su llamado a ser amoroso, paciente, desinteresado, veraz, amable, con dominio propio, perdonador y arrepentido. Ora para que estas cualidades marquen la diferencia en su forma de criar a sus hijos, en todo el ajetreo mundano: la vuelta a la escuela, la limpieza, la disciplina, la hora del baño, las prácticas deportivas, etc.

TIEMPO PARA ENSEÑAR

«Incúlcaselas continuamente a tus hijos. Háblales de ellas cuando estés en tu casa...» (v. 7).

Ora para que este padre aprecie que su mayor responsabilidad con sus hijos no es asegurarles una buena educación o desarrollar sus talentos, sino enseñarles sobre Jesús. Pide a Dios que ayude a esta familia a comenzar, o mantener, tiempos regulares de lectura de la Biblia y de oración juntos.

DEVOCIÓN DE LA VIDA ENTERA

«... y cuando vayas por el camino...» (v. 7).

Ora para que este padre encuentre formas creativas de llevar a Jesús a todos los aspectos de la vida familiar.

Puede ser fácil dar la impresión de que Dios es solo para los domingos por la mañana; pero ora para que este padre muestre la verdad de que toda la vida pertenece a Dios, y cada momento puede ser utilizado para disfrutar y adorarlo.

5 RAZONES PARA ORAR POR

UNA ESPOSA

PROVERBIOS 31:10-31

PERSONAS POR LAS QUE ORAR:

_____

_____

_____

_____

1 ALABA A DIOS

«… la mujer que teme al SEÑOR es digna de alabanza» (v. 30).

Si esta mujer es cristiana, ¡alaba a Dios por su fe! Ora para que viva asombrada por el poder, la autoridad y el amor de su Dios. Si todavía no es cristiana, pídele a Dios que ponga temor de Él en su corazón; que llegue a ver que se enfrenta al juicio de Dios, pero que puede disfrutar de la misericordia de Dios en Cristo.

Luego, pídele a Dios que le dé a esta mujer…

2 UN MATRIMONIO FUERTE

«Ella le es fuente [a su marido] de bien, no de mal, todos los días de su vida» (v. 12).

Ora por la relación de esta mujer con su marido; pide a Dios que la ayude a buscar desinteresadamente su bien. Ora para que Dios esté trabajando en este matrimonio para fortalecerlo y madurarlo. Ora por cualquier punto de presión, decepción o fuente de dolor específico que conozcas.

UN CORAZÓN GENEROSO

«Tiende la mano al pobre, y con ella sostiene al necesitado» (v. 20).

Ora para que esta mujer sea generosa con su tiempo y sus recursos. En una cultura que nos dice que tenemos que ocuparnos primero de «ti y de los tuyos», es muy fácil volverse introvertido en nuestras preocupaciones. Ora para que esta mujer tenga los brazos abiertos y un corazón dispuesto a amar; que esté dispuesta a traer a su familia a los que están solos y necesitados.

 ## UNA MANERA SABIA DE HABLAR

Ora para que sea una mujer que «cuando habla, lo hace con sabiduría» (v. 26).

Pídele a nuestro Padre que llene su boca de buenos consejos, reprimendas suaves, ánimos alegres y agradecimientos. Y pídele que guarde sus labios de palabras resentidas, quejosas, chismosas o hirientes.

 ## UNA VIDA FAMILIAR BENDECIDA

«Sus hijos se levantan y la felicitan; también su esposo la alaba» (v. 28).

Ora por el marido y los hijos de esta mujer. Ora para que se den cuenta y aprecien todo lo que ella hace por ellos, y sepan alentarla y agradecerle.

UN ESPOSO

JOSUÉ 1:1-9

PERSONAS POR LAS QUE ORAR:

_____

_____

_____

_____

Al llevar a este hombre ante Dios, ora por…

1 LIDERAZGO VALIENTE

> *«Sé fuerte y valiente, porque tú harás que este pueblo herede la tierra…» (v. 6).*

Así como Josué fue escogido para guiar al pueblo de Dios hacia la tierra prometida, Dios les da a los esposos la tarea de guiar a su familia hacia el país celestial prometido. Ora para que este hombre guíe a su familia con fe hacia la eternidad, u ora para que descubra por primera vez la maravillosa promesa de la vida eterna.

2 OBEDIENCIA A LA PALABRA DE DIOS

> *«… que tengas mucho valor y firmeza para obedecer toda la ley…» (v. 7).*

Obedecer a Dios, y guiar a otros a hacerlo, requiere un cuidado consciente. Ora para que este hombre no solo lea la Palabra de Dios, sino que también la recuerde y actúe deliberadamente. Y ora para que no use la obediencia en un área como excusa para ignorar los mandatos de Dios en otra parte de su vida. Ora por cualquier área en la que sepas que está luchando en este momento.

3 UNA MANERA DE HABLAR QUE HONRE A DIOS

«Recita siempre el libro de la ley...» (v. 8).

Ora para que toda la forma de hablar de este hombre hacia su esposa honre a Dios; y sea siempre amoroso, alentador y veraz, y nunca desconsiderado o enojado. Ora para que edifique la fe de su esposa recordándole las verdades de la Palabra de Dios.

4 TRANSFORMACIÓN POR LA PALABRA DE DIOS

«... medita en él de día y de noche» (v. 8).

Ora para que este hombre se dedique a leer la Palabra de Dios y a escuchar Su enseñanza. Ora para que no se limite a escuchar la Palabra de Dios, sino que medite en ella; para que Dios plante Su verdad en lo más profundo de su corazón, y transforme su carácter y su comportamiento para que sea más semejante a Cristo.

5 UNA RESPUESTA CORRECTA AL DESÁNIMO

«... ¡No tengas miedo ni te desanimes! Porque el SEÑOR tu Dios te acompañará dondequiera que vayas» (v. 9).

Las decepciones pueden generar fácilmente resentimiento o resignación. Ora para que este esposo no permita que los contratiempos, las circunstancias difíciles o sus propios defectos le impidan guiar a su familia en una manera igual a la de Cristo. Ora para que, cuando llegue el desánimo, sea capaz de ver a Dios obrando en y a través de él.

5 RAZONES PARA ORAR POR

UN BEBÉ

EFESIOS 1:18-19; 6:4, 19-20

PERSONAS POR LAS QUE ORAR:

_____

_____

_____

_____

FE EN CRISTO

«Pido también que les sean iluminados los ojos del corazón para que sepan a qué esperanza él los ha llamado...» (1:18).

Más que nada, este bebé necesita conocer la esperanza cierta y eterna de un futuro con Cristo. Esto es lo más importante que puedes orar por él. Probablemente lo sepas, pero es muy fácil orar en cambio pidiendo salud/felicidad/dormir bien por la noche.

MEMBRESÍA DE LA IGLESIA

«... la riqueza de su gloriosa herencia entre los santos» (v. 18).

Este bebé necesita una iglesia, y la necesitará cada día desde el primero hasta el último, para que crezca conociendo a los santos de todas las edades que le mostrarán y enseñarán sobre su herencia. Ora para que, a medida que este bebé crezca, forme parte de una comunión que ayude a sus padres a amar, a modelar la gracia, a ejercer una disciplina piadosa y a disfrutar de estar juntos como pueblo de Dios.

EL PODER DE DIOS

> *«… y cuán incomparable es la grandeza de su poder a favor de los que creemos…»* (v. 19).

Si Dios bendice a este niño concediéndole las dos peticiones anteriores, tendrá una vida difícil: luchando la batalla interna del pecado y sufriendo la persecución externa de un mundo que no conoce a Cristo. Ora para que Dios fortalezca y cambie a este niño incluso mientras está acostado en su cuna.

 # PADRES PIADOSOS

> *«Y ustedes, padres, no hagan enojar a sus hijos, sino críenlos según la disciplina e instrucción del Señor»* (6:4).

Los padres necesitan ayuda espiritual para hacer esto. Ora para que no hagan lo que les resulta más fácil; que no pongan reglas innecesarias; que no sean incoherentes; que nunca dejen que haya una brecha entre lo que le dicen a este niño sobre Cristo y cómo viven para Él; que nunca actúen como si lo que más necesita este niño es un buen comportamiento o buenas calificaciones.

EL PRIVILEGIO DEL SUFRIMIENTO

> *«… soy embajador en cadenas…»* (v. 20).

No ores para que Dios bendiga a este niño con una vida larga, exitosa o respetable. Ora para que dentro de un millón de años, este niño sea conocido por cómo dejó de lado sus sueños, comodidades, salud e incluso su vida para servir a Cristo.

5 RAZONES PARA ORAR POR

UN NIÑO EN EDAD ESCOLAR

SANTIAGO 1:17-21

PERSONAS POR LAS QUE ORAR:

_____

_____

_____

_____

DAR GRACIAS

«Toda buena dádiva y todo don perfecto descienden de lo alto…» (v. 17).

Da gracias por este niño, por el don de Dios que es, por su personalidad única, sus talentos y sus intereses. Y ora para que crezca en gratitud a Dios, sin dar por sentadas las cosas buenas que tiene y disfruta.

FE A TRAVÉS DE LA PALABRA DE DIOS

«Por su propia voluntad nos hizo nacer mediante la palabra de verdad…» (v. 18).

Agradece a Dios que hay una palabra más preciosa que cualquiera de las que se enseñan en la escuela. Agradece a Dios que da una vida nueva a través de la fe en Su Hijo, a quien encontramos en Su Palabra. Ora para que este niño llegue a la fe, o crezca en la fe, este año, y ora para que sus padres y su familia deseen esto para él más que cualquier logro o calificación educativa.

3 VIVIR DE FORMA DISTINTIVA

«… para que fuéramos como los primeros y mejores frutos de su creación» (v. 18).

Ora para que este niño hable y actúe de forma diferente a los que lo rodean en la escuela, porque pertenece a la nueva creación de Dios. Ora para que en él, los demás vean lo grande que es conocer a Jesús. Ora para que esté dispuesto a destacarse, y si es necesario a quedar fuera, para vivir como parte del pueblo de Dios.

4 ESCUCHAR CON ATENCIÓN

«… Todos deben estar listos para escuchar, y ser lentos para hablar y para enojarse» (v. 19).

Ora para que este niño escuche con atención a sus compañeros de clase y se fije en los que están heridos o se sienten solos, diga palabras que apunten hacia Jesús y no a sí mismo, y responda a los agravios con amor y perdón, no con ira y venganza.

5 SER FORMADO POR LA PALABRA

«Por esto, despójense de toda inmundicia y de la maldad que tanto abunda, para que puedan recibir con humildad la palabra…» (v. 21).

Ora para que la Palabra tenga más influencia en este niño que el mundo. Y ora para que no crea las mentiras del mundo, tanto las obvias («Tu felicidad es lo más importante», «La pornografía no hace daño», etc.) como las menos evidentes («Las buenas calificaciones son lo más importante», «Si trabajas duro y obedeces, entonces eres una buena persona»).

5

RAZONES
PARA ORAR
POR

UN
ADOLESCENTE

DANIEL 1

PERSONAS POR LAS QUE ORAR:

_____

_____

_____

_____

Padre, por favor concede a este adolescente...

1 LA CIUDADANÍA DEL CIELO

«Además, el rey le ordenó a Aspenaz, jefe de los oficiales de su corte, que llevara a su presencia a algunos de los israelitas...» (v. 3).

Así como el pueblo de Dios era extranjero en Babilonia, ora para que este adolescente se vea como extranjero en este mundo y ciudadano del cielo. Mientras comienza a tomar decisiones que afectarán la dirección de su vida, ora para que quiera pasarla trabajando para el reino de los cielos antes que para cualquier jefe terrenal.

2 FIRMEZA EN LA DECISIÓN

«Pero Daniel se propuso no contaminarse...» (v. 8).

Ora para que este adolescente muestre la misma resolución que Daniel: resistir la presión de hacer lo que está mal. A medida que sus compañeros y los medios de comunicación le pidan que se ajusten al comportamiento «normal» de los adolescentes, ya sea chismes, sexo o embriaguez, ora para que este adolescente defienda lo que es correcto y esté preparado para vivir una vida que sea claramente diferente.

 ## BUENA SALUD

«... más sanos y mejor alimentados...» (v. 15).

Los años de la adolescencia traen consigo hormonas desenfrenadas, cuerpos cambiantes y apetitos insaciables. Ora para que Dios mantenga a este joven sano física y mentalmente mientras crece.

 ## SABIDRUÍA E INTELIGENCIA

Ora para que Dios le dé a este joven «sabiduría e inteligencia para entender toda clase de literatura y ciencia» (v. 17).

Ora por este adolescente en sus estudios, para que tenga una buena actitud que honre a Dios, entusiasmo y disposición para aprender. Ora para que respete a sus profesores en la forma en que se comporta. Y ora para que se esfuerce por aprovechar al máximo los dones que Dios le ha dado.

 ## VERDADERA SABIDURÍA

Ora para que Dios le dé a este adolescente verdadera «sabiduría» (v. 20).

Pide a Dios que le dé a este adolescente un profundo amor por la Palabra de Dios, y un verdadero deseo de aplicarla a su vida. Dondequiera que este adolescente se encuentre en su fe en este momento, ora para que Dios aumente su sabiduría «diez veces más».

5 RAZONES PARA ORAR POR

UNA PERSONA MAYOR

FILIPENSES 4:4-9

PERSONAS POR LAS QUE ORAR:

_____

_____

_____

_____

Padre, por favor ayuda a esta persona a...

1 ALEGRARSE

«Alégrense siempre en el Señor...» (v. 4).

La vejez puede traer dificultades nuevas o más serias: mala salud, duelo, soledad, preocupaciones financieras. Ora para que a través de todo esto, esta persona descubra la alegría de saber que tiene un Salvador, o para que crezca en este aspecto. Ora para que esta temporada de la vida no traiga cinismo, enjuiciamiento o pesar. Ora, en cambio, para que aumente el gozo en la presencia de Cristo y en la perspectiva del cielo.

2 RESISTIR LA ANSIEDAD

Ora para que esta persona «no se [inquiete] por nada; más bien, en toda ocasión, con oración y ruego, [presente] sus peticiones a Dios» (v. 6).

Presenta a Dios algunos de los problemas concretos que le preocupan en este momento. Luego, pídele que «en toda ocasión» se apoye en Dios en oración y luche contra la tentación de la ansiedad.

DISFRUTAR DE LA PAZ DE DIOS

«Y la paz de Dios [...] cuidará sus corazones y sus pensamientos en Cristo Jesús» (v. 7).

Si esta persona no es cristiana, pídele a Dios que la lleve a la fe, para que a través de la obra de Jesucristo tenga paz con Dios, y con ello, paz también en otros aspectos de su vida. Si es cristiana, ora para que la paz de Dios llene su corazón y su mente incluso en circunstancias problemáticas.

PENSAR POSITIVAMENTE

Ora para que la mente de tu ser querido se llene de lo que es «verdadero [...] respetable [...] justo [...] puro [...] amable [...] digno de admiración [...] excelente o [que] merezca elogio» (v. 8).

Ora para que sea capaz de resistir la tentación de ser negativo, crítico y quejumbroso, y en cambio disfrute de una perspectiva positiva.

APLICAR LA PALABRA DE DIOS

«Pongan en práctica lo que de mí han aprendido...» (v. 9).

Agradece a Dios por la riqueza de sabiduría y experiencia vital de esta persona. Ora para que, aunque sienta que la mayor parte de la vida ha quedado atrás, no deje de esforzarse por ser cada vez más piadosa. Ora, en cambio, para que busque cada día aplicar la Palabra de Dios a su vida.

5 RAZONES PARA ORAR POR

UN VECINO

HECHOS 17:16-34

PERSONAS POR LAS QUE ORAR:

_____

_____

_____

_____

Padre Dios, por favor haz que esta persona...

1 SEA CURIOSA

«Porque nos viene usted con ideas que nos suenan extrañas, y queremos saber qué significan» (v. 20).

Es probable que el cristianismo sea «ideas extrañas» para tu vecino; tal vez esté confundido sobre lo que significa, o haya escuchado cosas poco útiles de los medios de comunicación, o incluso de otro cristiano. Ora para que, a pesar de estas ideas erróneas, tu vecino sienta curiosidad por tu fe y quiera saber más.

2 NO SE CONFORME CON LAS COSAS DEL MUNDO

«... eso que ustedes adoran como algo desconocido...» (v. 23).

¿Qué adora tu vecino? ¿A sus hijos? ¿Su carrera? ¿Su equipo de fútbol? Ora para que se sienta insatisfecho por buscar estas cosas y comience a buscar una vida con verdadero significado.

SEA PARTE DE TU PLAN

*«[Dios] determinó los períodos de su historia
y las fronteras de sus territorios» (v. 26).*

Dios ha planeado que tú y tu vecino vivan en el mismo lugar y al mismo tiempo; ¡reflexiona sobre eso y emociónate! Luego pide que Dios te utilice para llevar a cabo Sus propósitos soberanos.

TE BUSQUE

*Ora para que tu vecino «[busque a Dios] y,
aunque sea a tientas, lo [encuentre]» (v. 27).*

¿Cómo podría ser la «búsqueda de Dios» para tu vecino? ¿Ir a la iglesia o a un evento de evangelización? ¿Leer la Biblia o un libro cristiano? ¿Preguntar sobre tu fe en una comida en tu casa? Sea como sea, ora por oportunidades para que tu vecino escuche el evangelio de tu parte.

RESPONDA CON FE

*Ora para que no se burle, sino que quiera
«que [le hables] en otra ocasión sobre este
tema» (y otra vez, y otra vez, y otra vez).*

Ora para que, con el tiempo, llegue a creer las buenas nuevas (vv. 32-34). Ora para que Dios te dé paciencia y perseverancia para seguir compartiendo fielmente el evangelio, sin importar cuánto tiempo te lleve.

5 RAZONES PARA ORAR POR

UN COLEGA

COLOSENSES 3:22-4:6

PERSONAS POR LAS QUE ORAR:

_____

_____

_____

_____

UNA ACTITUD TRANSFORMADA

> *En primer lugar, ora para que trabajes bien, no solo cuando tu jefe «los estén mirando [...] sino con integridad de corazón y por respeto al Señor. Hagan lo que hagan, trabajen de buena gana» (3:22-23).*

¡Es una tarea difícil! Solo podemos hacerla por el Espíritu Santo. Invítalo a transformar tu actitud hacia el trabajo. Luego, ora para que tu forma contracultural de trabajar llame la atención de tu colega no cristiano.

HAMBRE ESPIRITUAL

> *«... conscientes de que el Señor los recompensará con la herencia...» (v. 24).*

Agradece a Dios que no te estás matando con el trabajo por obtener una casa más grande, un coche más llamativo o unas vacaciones más exóticas; en cambio, puedes esperar un tesoro en el cielo que nunca se agotará ni te decepcionará. Ora para que tu colega se sienta insatisfecho con sus recompensas financieras y sus grandes ascensos, y en cambio, busque algo que dure para siempre.

 ## LA GRACIA DE DIOS

«El que hace el mal pagará por su propia maldad…» (v. 25).

Agradece a Dios que Jesús haya pagado el precio de tu maldad. Luego pídele que extienda Su gracia a este amigo del trabajo, que tanto la necesita.

 ## OPORTUNIDADES DE EVANGELIZACIÓN

Ora para que Dios «abra las puertas para proclamar la palabra, el misterio de Cristo» (4:3).

Ora para que te proporcione situaciones que te permitan compartir el evangelio con tu colega. Ora para que estés dispuesto a aprovechar «al máximo cada momento oportuno» (v. 5). Pide a Dios que te ayude a hablar «con claridad» (v. 4), manteniendo lo fundamental en el enfoque y encontrando las palabras adecuadas para usar.

 ## UNA PALABRA AMENA Y DE BUEN GUSTO

Ora para que tus conversacion en el trabajo «sea siempre amena y de buen gusto» (v. 6).

Piensa en algunas situaciones en las que esto te resulta difícil: cuando la política de la oficina se complica, cuando las bromas se vuelven groseras o cuando la fecha de entrega se acerca. Ora para que tu discurso sea sazonado con sal, es decir, distinto al de tus colegas. Ora para que seas capaz de mostrar a cada persona con la que trabajas la misma gracia inmerecida que Dios te ha mostrado a ti.

5

RAZONES PARA ORAR POR

UN AMIGO NO CRISTIANO QUE ESTÁ BUSCANDO

HECHOS 8:26-39

PERSONAS POR LAS QUE ORAR:

_____

_____

_____

_____

Padre, permite que este amigo...

1 BUSQUE EN EL LUGAR CORRECTO

«Y sucedió que un etíope [...] volvía sentado en su carro, y leyendo al profeta Isaías» (vv. 27-28).

Agradece a Dios el interés de tu amigo por las cosas espirituales, aunque todavía no lo entienda del todo. Hay muchas cosas que dicen poder conectar a la gente con «Dios», pero en realidad solo hay una forma de conocerlo. Ora para que, como el etíope en Hechos 8, tu amigo comience a buscar respuestas en el lugar correcto: la Biblia.

2 RECIBA OPORTUNIDADES

«¿Acaso entiende usted lo que está leyendo?», preguntó Felipe (v. 30).

Ora para que Dios te ayude a tomar la iniciativa de dirigir las conversaciones hacia Jesús. Pide a Dios que te proporcione oportunidades únicas como la de Felipe, ¡y que las aproveches!

ESCUCHE LAS BUENAS NUEVAS

«Entonces Felipe [...] le anunció las buenas nuevas acerca de Jesús» (v. 35).

¡Agradece a Dios que la verdad sobre Jesús es realmente una buena noticia! Dedica un tiempo para reflexionar sobre la gracia de Dios en el evangelio. Luego, ora para que tengas la oportunidad de hablar con tu amigo, no solo de la vida en la iglesia o de diferentes asuntos, sino de la persona que está en el corazón del evangelio: Jesucristo.

SE COMPROMETA

Ora para que, como el etíope, tu amigo llegue al punto de decir: «¿qué impide que yo sea bautizado?» (v. 36).

A menudo, la gente puede escuchar los hechos sobre Jesús, reconocerlos como verdaderos, pero no estar dispuesta a comprometerse a seguirlo. ¿Qué puede impedir que tu amigo se comprometa a ser cristiano? (¿Su dinero? ¿Su pareja? ¿Miedo a lo que piensen los demás?). Pídele a Dios que elimine milagrosamente esos obstáculos o que le dé fuerzas para superarlos.

SE GOCÉ

«... siguió alegre su camino» (v. 39).

Ora para que, al confiar en Jesús, tu amigo encuentre un gozo verdadero y eterno. Pide que un día su fe traiga gran gozo al pueblo de Dios, incluso a ti.

5 RAZONES PARA ORAR POR

UN AMIGO NO CRISTIANO QUE PARECE HOSTIL

1 PEDRO 3:13-18

PERSONAS POR LAS QUE ORAR:

_____

_____

_____

_____

Eleva a este amigo a Dios y ora…

POR VALOR

> «… *"No teman lo que ellos temen, ni se dejen asustar". Más bien, honren en su corazón a Cristo como Señor…»* (vv. 14-15).

Ora para que no temas a las palabras de indignación, las miradas extrañas o los silencios incómodos. En cambio, ora para que trates a Cristo como Señor, y para que busques Su gloria por encima de tu propia comodidad. Confiesa las veces que, por miedo, has esquivado la oportunidad de defender a Jesús delante de ese amigo. Ora para tener valor cuando estas oportunidades se presenten de nuevo.

POR PREGUNTAS Y RESPUESTAS

Ora para que «estén siempre preparados para responder a todo el que les pida razón de la esperanza que hay en ustedes» (v. 15).

¡Ora para que este amigo haga esa pregunta! Y ora para que, cuando lo haga, Dios te dé las palabras para hablar con claridad y racionalidad.

POR CONCIENCIA DE PECADO

Ora para que «los que hablan mal de la buena conducta de ustedes en Cristo se avergüencen de sus calumnias» (v. 16).

Ora para que tus palabras y tu comportamiento sean tan amables que tu amigo se sienta avergonzado por la forma en que ha hablado de Jesús. Ora para que Dios le dé a este amigo una creciente conciencia de su pecado, y una creciente comprensión de su impotencia ante el justo y santo Dios.

DA GRACIAS A DIOS

«Porque Cristo murió por los pecados una vez por todas, el justo por los injustos...» (v. 18).

¡Agradece a Dios la maravillosa verdad de que Jesús murió por los injustos! Reflexiona sobre la forma en que te ha salvado, aunque no lo merezcas. Agradécele que está dispuesto a salvar a tu amigo, aunque tampoco lo merezca.

POR UNA RELACIÓN CON DIOS

«... a fin de llevarlos a ustedes a Dios» (v. 18).

Ora para que Dios lleve a tu amigo a una relación con Él. Ora para que tu amigo pueda esperar con ansias el día en que se encuentre con Él cara a cara en el cielo.

5 RAZONES PARA ORAR POR

UN AMIGO CRISTIANO

1 JUAN 3:11-22

PERSONAS POR LAS QUE ORAR:

_____

_____

_____

_____

Padre todopoderoso, por favor dale a este amigo...

 ## UN AMOR QUE MIRE HACIA AFUERA

> *«... que nos amemos los unos a los otros»*
> *(v. 11).*

Da gracias por este hermano en Cristo, y por el amor que se tienen. Luego ora por las relaciones de tu amigo con otros cristianos en su iglesia; que se llene de amor por todo el pueblo de Dios, y no solo por sus amigos cercanos o las personas con las que congenia naturalmente. Pide que Dios haga que tu amigo sea cada vez más amoroso.

DISPOSICIÓN A SUFRIR

> *«... no se extrañen si el mundo los odia»*
> *(v. 13).*

Piensa en algunas de las formas y situaciones en las que tu hermano se enfrenta a la hostilidad por su fe: tal vez sea un colega al que le gusta buscar pelea, o un miembro de la familia que lo convierte en el blanco de todas las bromas. Ora para que tu amigo esté siempre dispuesto a ser odiado por el mundo, como lo fue el Señor Jesús.

AMOR SACRIFICADO

«... Jesucristo entregó su vida por nosotros. Así también nosotros debemos entregar la vida por nuestros hermanos» (v. 16).

Alaba a Dios porque Jesús estuvo dispuesto a dar Su vida por nosotros. Ora por ti, para que estés dispuesto a entregar tu vida por este amigo; no por motivos egoístas, sino como un desbordamiento del amor de Cristo. Piensa en oración en algunas formas sacrificiales y prácticas en las que podrías hacerlo.

DESCANSO EN LA GRACIA

«... nos sentiremos seguros delante de él» (v. 19).

Aunque conozcamos la doctrina de la gracia, a menudo caemos en la trampa de intentar ganarnos el favor o el perdón de Dios con nuestro propio esfuerzo. Ora para que este amigo deje de esforzarse y descanse en la presencia de Dios.

CONFIANZA EN LA ORACIÓN

«... tenemos confianza delante de Dios, y recibimos todo lo que le pedimos...» (vv. 21-22).

Agradece a Dios que podamos acercarnos a Él con confianza en la oración. Ora para que tu amigo dedique regularmente tiempo a orar con confianza y a escuchar humildemente a Dios a través de Su Palabra. ¿Por qué preocupación está orando tu amigo en este momento? Únete a él para orar por eso ahora. ¿Tu amigo se ha sentido recientemente decepcionado por la respuesta de Dios a sus oraciones? Ora por una persistencia fiel y por unos ojos siempre dispuestos a ver a Dios en acción.

5 RAZONES PARA ORAR POR

UN CRISTIANO QUE PASA POR UN MOMENTO DIFÍCIL

ROMANOS 5:1-5

PERSONAS POR LAS QUE ORAR:

_____

_____

_____

_____

Cuando lleves a este ser querido ante Dios, agradécele y pídele que aumente su…

1 PAZ

> *«… tenemos paz con Dios por medio de nuestro Señor Jesucristo» (v. 1).*

Los cristianos ya tienen paz con la Persona más importante del universo, pero ¡qué fácil es olvidarlo! Ora para que tu hermano en Cristo conozca y atesore esta paz. Pide que siempre sea capaz de regocijarse en la maravilla del evangelio, incluso cuando las cosas en la vida parecen ir mal.

2 PERSEVERANCIA

> *«… sabemos que el sufrimiento produce perseverancia» (v. 3).*

Ora para que ellos, y tú, sepan que esto es verdad, que en lugar de buscar solo una salida a este tiempo difícil, busquen cómo Dios está trabajando a través de ello. Ora sobre todo para que aprendan a perseverar en su fe, para que no duden de la bondad de Dios, sino que se aferren a Jesús.

CARÁCTER

«... perseverancia, entereza de carácter [o carácter probado, LBLA]...» (v. 4).

A medida que la santificación de tu ser querido —el cambio en su carácter que Dios ha estado haciendo a lo largo del tiempo— se pone a prueba, ora para que se demuestre que es una obra genuina del Espíritu de Dios. Ora para que este tiempo sea un glorioso testamento del poder de Dios para transformar los corazones humanos; y para que tu familia de la iglesia se anime al ver este poder en acción.

 ## ESPERANZA

«... entereza de carácter, esperanza» (v. 4).

Ora para que este sufrimiento lleve a tu ser querido a poner su esperanza únicamente en Dios. ¿En qué otra cosa estará tentada esta persona a buscar seguridad? ¿Su trabajo? ¿Sus relaciones? ¿Su salud? Ora para que, mientras Dios usa el sufrimiento para despojarlo de estas cosas, tu ser querido ponga toda su esperanza en Dios y en Su gracia.

 ## AMOR

«... Dios ha derramado su amor en nuestro corazón...» (v. 5).

Ora para que, a medida que esta persona espera más en Dios, conozca más profundamente Su amor por ella, y sienta Su consuelo de manera tangible. Cuando las cosas se ponen difíciles, es muy fácil volverse introspectivo, melancólico y amargado. En cambio, ora para que el corazón de esta persona rebose de amor por los que la rodean.

5 RAZONES PARA ORAR POR

UN CRISTIANO QUE ESTÁ ENFERMO

2 CORINTIOS 4:16–5:10

PERSONAS POR LAS QUE ORAR:

_____

_____

_____

_____

 RENOVACIÓN ESPIRITUAL

«… aunque por fuera nos vamos desgastando, por dentro nos vamos renovando día tras día» (4:16).

Ante todo, ora por la salud espiritual de este ser querido. Pide que cada día, Dios le dé un agradecimiento renovado, una confianza renovada en las promesas de Dios, un amor renovado por la Palabra de Dios, una resolución renovada de luchar contra el pecado, un deseo renovado de ver crecer la Iglesia de Cristo y una preocupación renovada por otros cristianos.

ENFOQUE HACIA ADELANTE

«… suspiramos, anhelando ser revestidos de nuestra morada celestial» (5:2).

Cuando estamos enfermos, ¡suspiramos! Pero ora para que, al suspirar, tu ser querido también esté cada vez más ansioso por recibir su cuerpo nuevo en la nueva creación, libre de dolor y enfermedad.

AGRADECE A DIOS

«… suspirando y agobiados…» (5:4).

Agradece a Dios que escucha los gemidos de tu ser querido y comprende sus cargas. Clama a Dios por su sanación.

CONFIANZA INQUEBRANTABLE

«Por eso mantenemos siempre la confianza […] y preferiríamos ausentarnos de este cuerpo y vivir junto al Señor» (5:6-8).

Ora para que Dios bendiga a este hermano con una profunda e inquebrantable seguridad en la realidad del cielo y en la capacidad de Jesús para garantizar su lugar allí. Ora para que tu ser querido se sienta reconfortado, sabiendo que, sea larga o corta, su vida terrenal terminará con su llegada a «vivir junto al Señor». Y ora para que esta seguridad le dé una confianza visible mientras se somete a tratamientos, visitas al hospital, etc.

EL OBJETIVO CORRECTO

«… nos empeñamos en agradarle…» (5:9).

Las circunstancias difíciles son una nueva oportunidad para vivir de una manera que complazca a nuestro Creador. Ya sea que la enfermedad sea grave o leve, una aflicción de por vida o un malestar estomacal de dos días, ora para que esta persona haga que su meta principal sea complacer a Dios, en lugar de recuperarse.

Ora para que aproveche las oportunidades para responder a las situaciones de una manera deliberadamente piadosa.

5

RAZONES PARA ORAR POR

UN SER QUERIDO QUE SE ESTÁ REGOCIJANDO

SALMO 103

PERSONAS POR LAS QUE ORAR:

_____

_____

_____

_____

Mientras te regocijas con este ser querido, ora para que...

ALABE AL SEÑOR

«Alaba, alma mía, al Señor...» (v. 1).

Dedica un tiempo a regocijarte con tu ser querido en oración. Alaba y agradece a Dios por lo bueno que ha sucedido y por la forma en que ha provisto para él.

RECUERDE EL PERDÓN

«... y no olvides ninguno de sus beneficios.
Él perdona todos tus pecados» (vv. 2-3).

Ora para que esta bendición no haga que tu ser querido se olvide de la mejor bendición que Dios ofrece: Su perdón. Agradece a Dios que no ofrece un perdón parcial, sino un perdón en su totalidad: «Tan lejos de nosotros echó nuestras transgresiones como lejos del oriente está el occidente» (v. 12). Si esta persona es cristiana, ora para que se acuerde de alegrarse más por su salvación que por cualquier regalo material que Dios le dé.

RECUERDE LA GRACIA

> *«No nos trata conforme a nuestros pecados ni nos paga según nuestras maldades» (v. 10).*

Lo que hace que cualquier cosa buena sea más notable es que no la merecemos. Agradece a Dios que, aunque no merezcamos nada bueno de Él, misericordiosamente nos lo da de todos modos.

RECUERDE LO QUE PERDURA

> *Ora para que tu ser querido recuerde que «el hombre es como la hierba» (v. 15).*

Ora para que esta persona recuerde que las carreras, los hogares nuevos, las vacaciones, los cónyuges y los hijos solo durarán, en el mejor de los casos, una vida; pero no perdurarán hasta la eternidad.

DESCUBRA EL GOZO ETERNO

> *«Pero el amor del Señor es eterno y siempre está con los que le temen» (v. 17).*

Agradece a Dios que Su pueblo disfrutará de Su amor para siempre. Ora para que este ser querido tema al Señor y pueda esperar gozos mayores y eternos en el cielo.

5 RAZONES PARA ORAR POR

UN CRISTIANO QUE ESTÁ LUCHANDO CONTRA EL PECADO

ROMANOS 6:1-14

PERSONAS POR LAS QUE ORAR:

_____

_____

_____

_____

Padre, por favor ayuda a esta persona a...

1 DECIDIRSE A LUCHAR

> *«... Nosotros, que hemos muerto al pecado, ¿cómo podemos seguir viviendo en él?» (v. 2).*

Agradece a Dios que, gracias a Cristo, tu amigo ha muerto al pecado. Ora para que aprecie el vacío y la falta de lógica de seguir viviendo en el pecado, y comparta el compromiso de Pablo de luchar contra él. Tal vez su determinación esté flaqueando; pide que no se canse, sino que recuerde esta verdad.

2 MIRAR HACIA ADELANTE

> *«... sin duda también estaremos unidos con [Cristo] en su resurrección [...] porque el que muere queda liberado del pecado» (vv. 5-7).*

Da gracias a Dios por la certeza de haber resucitado con Cristo. Ora para que, cuando tu hermano sea tentado, esto lo lleve a esperar con entusiasmo ser perfeccionado en Cristo y vivir libre de tentaciones en la nueva creación.

ERRADICAR EL PECADO

«No ofrezcan los miembros de su cuerpo al pecado…» (v. 13).

Piensa en las formas en que esta persona podría ser tentada a ceder al pecado. Ora para que no se conforme con reducir la cantidad de pecado, sino que se esfuerce por erradicarlo por completo.

BUSCAR LA RECTITUD

«… presentando los miembros de su cuerpo [a Dios] como instrumentos de justicia» (v. 13).

A menudo, nuestra lucha con un pecado en particular puede definir nuestro caminar con Dios, o puede convertirse erróneamente en una preocupación que lo consume todo. Ora para que tu ser querido no esté tan centrado en dejar de pecar que se olvide de buscar la justicia y de ponerse a disposición de Dios para servirle. Ora por algunas de las áreas en las que este amigo está procurando positivamente crecer en piedad.

REGOCIJARSE EN LA GRACIA DE DIOS

«… porque ya no están bajo la ley, sino bajo la gracia» (v. 14).

Agradece a Dios que nuestra salvación no depende de nuestra capacidad para cumplir la ley de Dios, sino de la gracia de Dios. Ora para que tu ser querido tenga un gran gozo y seguridad en este conocimiento. Ora para que ambos estén cada vez más agradecidos por ello.

UN SER QUERIDO QUE TIENE QUE TOMAR UNA DECISIÓN

HECHOS 1:15-26

PERSONAS POR LAS QUE ORAR:

_____

_____

_____

_____

1 QUE BUSQUE CONSEJO SABIO

«... Pedro se puso de pie en medio de los creyentes» (v. 15).

Ora para que este ser querido busque un consejo sabio al tomar esta decisión. Es muy fácil que, en nuestro orgullo, queramos tomar todas las decisiones por nuestra cuenta; también es fácil que, en nuestro deseo de agradar, escuchemos las voces equivocadas. Ora para que tu ser querido no escuche los consejos mundanos («Haz lo que te haga más rico», «Haz lo que te haga sentir más cómodo», «Haz lo que todo el mundo hace»), aunque vengan de boca de cristianos. Ora, en cambio, para que busque y encuentre consejos sabios de creyentes maduros.

2 QUE MIRE LA PALABRA DE DIOS

«Porque en el libro de los Salmos [...] está escrito...» (v. 20).

Ora para que, al leer la Escritura, Dios convenza a esta persona de sus motivaciones o deseos pecaminosos y le dé prioridades piadosas. Pide que el Espíritu obre en su corazón para alinear todas sus prioridades con las de Dios.

QUE ESTÉ LLENO DE ORACIÓN

«Y oraron...» (v. 24).

¡Ora para que esta persona ore! Pide a Dios que utilice esta experiencia para que este hermano dependa más de Él en la oración.

QUE TENGA CONFIANZA EN LA SOBERANÍA DE DIOS

«"Señor, tú que conoces el corazón de todos" [...]. Luego echaron suertes» (vv. 24, 26).

Agradece a nuestro Dios que todo lo ve, porque conoce todo lo que hay en nuestro corazón, y sabe todo lo que hay en nuestro futuro. Ora para que tu ser querido tenga confianza y paz en el conocimiento de la soberanía de Dios. Pide que sea capaz de ver esta decisión en perspectiva; incluso las grandes decisiones, como el matrimonio, la carrera, el hogar y los hijos, se vuelven pequeñas cuando se comparan con el plan de salvación realmente grande de Dios.

QUE AVANCE EN FE

«... la elección recayó en Matías; así que él fue reconocido...» (v. 26).

Ora para que, a la luz de los puntos 1 al 4, esta persona sea capaz de tomar una decisión pronto, confiando en que Dios la está guiando y sabiendo que, en cierto sentido, no puede «equivocarse». Pídele a Dios que evite que la indecisión la paralice, y que la haga avanzar en fe.

5 RAZONES PARA ORAR POR

UN SER QUERIDO EN SU CUMPLEAÑOS

2 TESALONICENSES 1:3-13

PERSONAS POR LAS QUE ORAR:

_____

_____

_____

_____

En el cumpleaños de este ser querido, ora...

① AGRADECIENDO A DIOS

«... siempre debemos dar gracias a Dios por ustedes...» (v. 3).

Agradece a Dios por esta persona y por la relación que tienes con ella. Alaba a Dios por la forma única en que la ha hecho, y por todas las cosas que te encantan de ella: su personalidad, sus talentos, sus esperanzas y sueños. Da gracias a Dios por algunos de los momentos felices que han pasado juntos en los últimos doce meses.

② POR CRECIMIENTO DE FE

«... su fe se acrecienta cada vez más...» (v. 3).

Dondequiera que se encuentre espiritualmente, ora para que en su próximo cumpleaños, esta persona pueda mirar atrás en el año y ver cómo ha crecido su fe. Ora para que crezca su fe en las promesas de Dios, en el carácter inmutable de Dios, en la sabiduría de la Palabra de Dios y en la obra salvadora de Jesús en la cruz.

POR AMOR ABUNDANTE

«... y en cada uno de ustedes sigue abundando el amor hacia los otros» (v. 3).

Ora para que tu propio amor por esta persona vaya en aumento. Pide fuerza para amarla profundamente, con abnegación y constancia. Ora por oportunidades para poner este amor en acción de manera práctica y sacrificada.

QUE CONOZCA A DIOS

«... para castigar a los que no reconocen a Dios [...] el día en que venga para ser glorificado por medio de sus santos y admirado por todos los que hayan creído...» (vv. 8-10).

Con cada cumpleaños que pasa, esta persona está un año más cerca de la eternidad. Si todavía no es cristiana, ora para que se convierta en uno del «pueblo santo» de Dios. Si tu ser querido es cristiano, ora para que espere con gozo el día en que verá a Jesús y se maravillará con Él.

POR UNA BONDAD EN AUMENTO

Ora para que Dios «perfeccione toda disposición al bien [...] de modo que el nombre de nuestro Señor Jesús sea glorificado [en él]» (vv. 11-12).

Ora para que esta persona desee la bondad; y para que el Señor Jesús brille a través de ella cada vez más durante el próximo año.

5 RAZONES PARA ORAR POR

UN SER QUERIDO EN NAVIDAD

LUCAS 1:46-55

PERSONAS POR LAS QUE ORAR:

_____

_____

_____

_____

Señor Dios, mientras recordamos el regalo de tu Hijo en Navidad, por favor ayuda a esta persona a...

1 ALEGRARSE EN TI

> *«... mi espíritu se regocija en Dios mi Salvador» (v. 47).*

Tal vez tu ser querido está esperando Navidad con gran anticipación; o quizás esta temporada es triste o estresante. Cualquiera sea su situación, ora para que su espíritu se regocije en la verdad de que Cristo Jesús vino a este mundo para salvar a los pecadores.

2 AGRADECERTE

> *«... el Poderoso ha hecho grandes cosas por m...í» (v. 49).*

Piensa en las cosas buenas que Dios ha hecho en la vida de esta persona este año, y agradece a Dios por cada una de ellas. Si es un cristiano, alaba a Dios por lo más grande que ha hecho por él: darle la vida eterna. Agradécele por todas las formas en que ha hecho crecer a esta persona en su fe durante los últimos doce meses.

TEMERTE

«… se extiende su misericordia a los que le temen» (v. 50).

En una época del año en que la atención se centra en Jesús como un tierno bebé en un pesebre, ora para que este ser querido tenga también un temor correcto de Dios: uno que lo lleve a reconocer su propia pecaminosidad, a confiar en la misericordia de Dios y a someterse a Jesús como su Señor. Ora para que encuentre un espacio espiritual en el ajetreo de la Navidad para reflexionar sobre esto.

DISFRUTAR DEL TIEMPO EN FAMILIA

«De generación en generación…» (v. 50).

Ora el punto 3 por la familia de tu ser querido, tanto por los jóvenes como los mayores, cuando se reúnan esta Navidad. Tal vez tu ser querido esté buscando ser un testigo eficaz para los miembros incrédulos de su familia; ¡ora con audacia para que el evangelio se extienda «de generación en generación»! Tal vez a tu ser querido le resulte difícil este tiempo prolongado con su familia; ora para que tengan un tiempo feliz y pacífico juntos.

RECORDAR TU BONDAD

«A los hambrientos los colmó de bienes…» (v. 53).

Agradece a Dios por la buena comida y las cosas buenas que disfrutamos en Navidad. Ora para que tu ser querido recuerde que todas las cosas buenas vienen de Dios, y le dé las gracias por ellas.

5

RAZONES PARA ORAR

CUANDO UN SER QUERIDO HA MUERTO CONFIANDO EN CRISTO

1 TESALONICENSES 4:13-18

PERSONAS POR LAS QUE ORAR:

_____

_____

_____

_____

Amoroso Padre celestial, por favor ayúdame a...

1 AGRADECERTE

«... no queremos que ignoren lo que va a pasar con los que ya han muerto...» (v. 13).

Agradece a Dios que la muerte no es el final; que Jesús puede despertar a alguien de la muerte con la misma facilidad con la que nosotros despertaríamos a alguien del sueño. Agradece a Dios que resucitará a esta persona a una nueva vida, tal y como ha prometido.

2 AFERRARME A LA ESPERANZA

«... no se entristezcan como esos otros que no tienen esperanza» (v. 13).

Por mucho que eches de menos a esa persona, y más allá del gran vacío que haya dejado en tu vida, agradece a Dios porque tienes esperanza. Ora para que mantengas esta esperanza a la vista, incluso cuando el dolor sea inmenso. Y ora por los amigos y familiares no cristianos que ahora sufren sin esperanza; ora para que tu esperanza ante la muerte sea un poderoso testimonio para ellos.

MIRAR ATRÁS

«… Jesús murió y resucitó…» (v. 14).

Agradece a Dios por la muerte de Jesús. Como Cristo enfrentó la ira de Dios en la cruz, tu ser querido no enfrentará la ira de Dios. Luego alaba a Dios por la resurrección de Jesús. Agradécele que este hecho histórico nos da la certeza de que los que están en Cristo también resucitarán de la muerte. Ora para que, al mirar hacia atrás y ver lo que hizo Cristo, sientas una profunda seguridad y consuelo.

 MIRAR ADELANTE

«Luego los que estemos vivos, los que hayamos quedado, seremos arrebatados junto con ellos en las nubes para encontrarnos con el Señor en el aire…» (v. 17).

Agradece a Dios todo lo que esa persona significó para ti. Luego agradécele porque, aunque por ahora estás separado de ella, la volverás a ver el día que Cristo regrese. Y agradece a Dios porque, más dulce aún que este reencuentro, tú y tu ser querido se encontrarán con Jesús cara a cara y estarán «con el Señor para siempre».

 ANIMAR A OTROS

«… anímense unos a otros con estas palabras» (v. 18).

Ora para que Dios te ayude a ser de ánimo para otros, incluso cuando estés sufriendo. Ora para que estés atento a las necesidades de los demás y procures suplirlas.

5

RAZONES PARA ORAR

CUANDO UN SER QUERIDO HA MUERTO SIN CONFIAR EN CRISTO

ROMANOS 8:26-27; 11:33-36

PERSONAS POR LAS QUE ORAR:

_____

_____

_____

_____

Amoroso Padre celestial, por favor ayúdame a...

RECORDAR QUE EL ESPÍRITU ORA

«... *No sabemos qué pedir, pero el Espíritu mismo intercede por nosotros con gemidos que no pueden expresarse con palabras*» (8:26).

En momentos como este, es difícil saber qué decir a Dios; queremos acudir a nuestro Padre en oración, pero nos faltan las palabras. O a veces ni siquiera nos atrevemos a intentarlo. Pero agradece a Dios porque, incluso cuando no sabemos qué orar, e incluso cuando no queremos orar, el Espíritu habla al Padre en nuestro nombre de todos modos.

AGRADECERTE

Agradece a Dios porque es Él quien «examina los corazones» (8:27).

Tal vez no puedas expresar con palabras lo que sientes en este momento; pero consuélate porque Dios lo sabe sin que tú tengas que decírselo.

CONFIAR EN TI

> *Reconoce que los juicios de Dios son «indescifrables [...] e impenetrables sus caminos» (11:33).*

No podemos comprenderlos. Pero agradece a Dios que Él es el que juzga, y no tú. Ora para que seas capaz de confiar en Él.

EVITAR LA AMARGURA

> *«¿Quién le ha dado primero a Dios, para que luego Dios le pague?» (11:35).*

Medita en este versículo y pídele a Dios que te impida sentirte amargado o enojado con Él.

BUSCAR TU GLORIA

> *«... ¡A él sea la gloria por siempre! Amén» (11:36).*

Pide a Dios que te ayude a recordar que lo más importante es Su gloria. Pídele que te permita seguir amándolo y procurando darle gloria, incluso en estos momentos tan difíciles.